EVIA
EDICIONES

SUMARIO

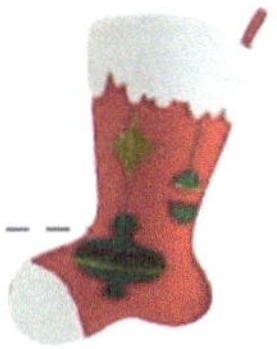

Súper floral

Una de las manualidades más decorativas para estas fiestas es realizar este atractivo centro de mesa que avivará el espíritu navideño.

VER MOLDES EN PÁGINA 28

MATERIALES

- Goma EVA brillante roja, verde y amarilla
- Goma EVA metalizada roja
- Ramitas de plástico decorativas doradas
- Vela
- Recipiente de vidrio
- Plancha
- Glitter dorado
- Tijera
- Lápiz
- Pegamento siliconado
- Regla
- Cinta fantasía Nº 5

1.

2.

1. Transferir y recortar en goma EVA brillante: roja, los moldes de las hojas de la flor identificados con la letra "R" en el molde; en verde, el molde con la letra "V" y en amarilla, el molde del círculo. Realizar la cantidad de flores necesarias, teniendo en cuenta cubrir toda la circunferencia del recipiente de vidrio elegido.

2. Para otorgar el efecto movimiento a las hojas de la flor, colocar por unos segundos la goma EVA sobre la plancha, retirar y dar forma con las manos. Repetir el procedimiento en todas las hojas rojas, verdes y en el círculo central de color amarillo.

3.

4.

3. Con pegamento siliconado, adherir sobre la hoja de color verde, las hojas rojas comenzando con la de tamaño más grande. Por último, pegar el círculo central de color amarillo.

4. Adherir, en los laterales de la parte trasera de cada flor, las ramitas decorativas en color dorado.

5.

6.

5. Realizar detalles con glitter dorado en las hojas de color rojo.

6. Cortar una tira en goma EVA metalizada roja de 3,5 cm de ancho y del largo necesario de acuerdo con la circunferencia del recipiente elegido. Adherir alrededor de la base.

7.

8.

7. Adherir las flores sobre la tira roja, una al lado de la otra hasta completar toda la circunferencia. Utilizar pegamento siliconado.

8. Revestir el borde superior de la vela con la cinta decorativa. Insertar en el portavelas, primero ramitas decorativas y luego, la vela.

Se puede ampliar el molde de la flor para utilizarla, como elemento decorativo, en otros sectores de la casa.

La noche de Papá Noel

En esta simpática bolsa, se presentará un regalo demostrando la especial dedicación y afecto puesto en prepararlo.

VER MOLDES EN PÁGINA 30

MATERIALES

- Goma EVA brillante roja, verde y amarilla
- Goma EVA color piel, blanca y verde manzana
- Ojos móviles Nº 7
- Marcador blanco indeleble de punta fina
- Crayón de cera marrón
- Cinta fantasía en el tono de la temática
- Tijera
- Lápiz
- Regla
- Pegamento instantáneo y siliconado

1. Transferir y recortar en goma EVA: verde, el molde de la bolsita (marcar primero un lado y luego, el otro, en espejo); verde brillante, la tira del gorro; rojo brillante, el gorro y dos estrellas; color piel, la cara y la nariz; blanca, la barba, el bigote y el círculo; amarilla brillante, dos estrellas.

2. Doblar la bolsa por la mitad y pegar solo los laterales. Utilizar pegamento instantáneo.

3. Adherir la parte superior de la barba en la cara, haciendo coincidir con el borde superior.

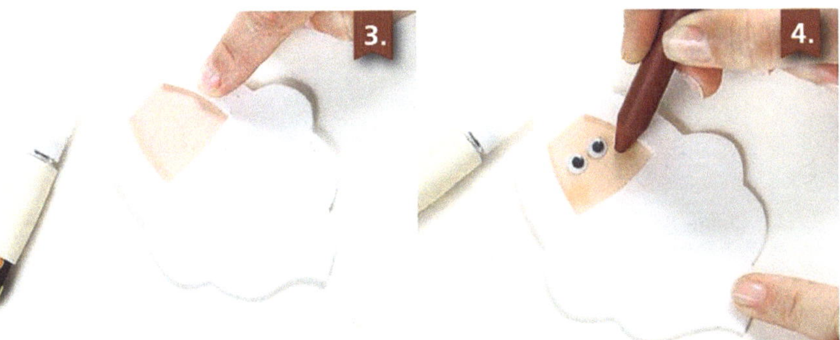

4. Con una gotita de pegamento instantáneo, adherir los ojos y luego, con el crayón, sombrear las mejillas.

5. Adherir el bigote en la intersección de la barba y la cara.

6. Sombrear con el crayón el contorno de la nariz y con el marcador blanco; dibujar el detalle del brillo y pegar.

7. Adherir la tira verde sobre el borde superior de la pieza roja del gorro y luego, el círculo blanco en el extremo del gorro, para formar el pompón.

8. Pegar el gorro sobre el borde superior de la cara de Papá Noel.

9. Tomando como referencia el diseño, adherir el personaje en el frente de la bolsa, dejando medio centímetro de distancia al borde derecho e inferior.

10. Realizar un moño con la cinta fantasía. Adherir el moño y las estrellas en el frente de la bolsa.

Se puede cambiar la imagen del frente por estrellas, pinos... y, de esta manera, realizar distintas bolsas.

Caritas de Papá Noel
Simpáticos posavasos muy fáciles de realizar que le darán ese toque especial a tu mesa.

VER MOLDES EN PÁGINA 29

MATERIALES

- Goma EVA brillante roja
- Goma EVA toalla blanca
- Goma EVA color piel
- Ojos móviles Nº 7
- Marcador negro indeleble de punta fina
- Tijera
- Lápiz
- Pegamento instantáneo
- Pegamento siliconado

1. Transferir y recortar en goma EVA: brillante roja, el molde del posavasos; color piel, la cara y la nariz; toalla blanca, la tira del gorro, el círculo, la barba y los bigotes.

2. Adherir, con pegamento siliconado, la barba en el centro de la parte inferior de la pieza de goma EVA brillante roja.

3. Pegar la cara de Papá Noel, haciendo coincidir el borde inferior con el borde superior de la barba.

4. Adherir la tira del gorro sobre el borde superior de la cara y el círculo, en la punta que forma el posavasos.

5. Pegar, con una puntita de pegamento instantáneo, la nariz y los bigotes.

6. Por último, adherir los ojos móviles y dibujar el detalle de las cejas con marcador negro.

Adaptar el tamaño del molde según la medida del pie de la copa a utilizar.

Arbolitos y sus huellas

Estos adornos son muy fáciles de realizar; ideales para
divertirnos y hacerlos con los chicos.

VER MOLDES EN PÁGINA 29

Se puede reemplazar el dibujo del árbol por una estrella.

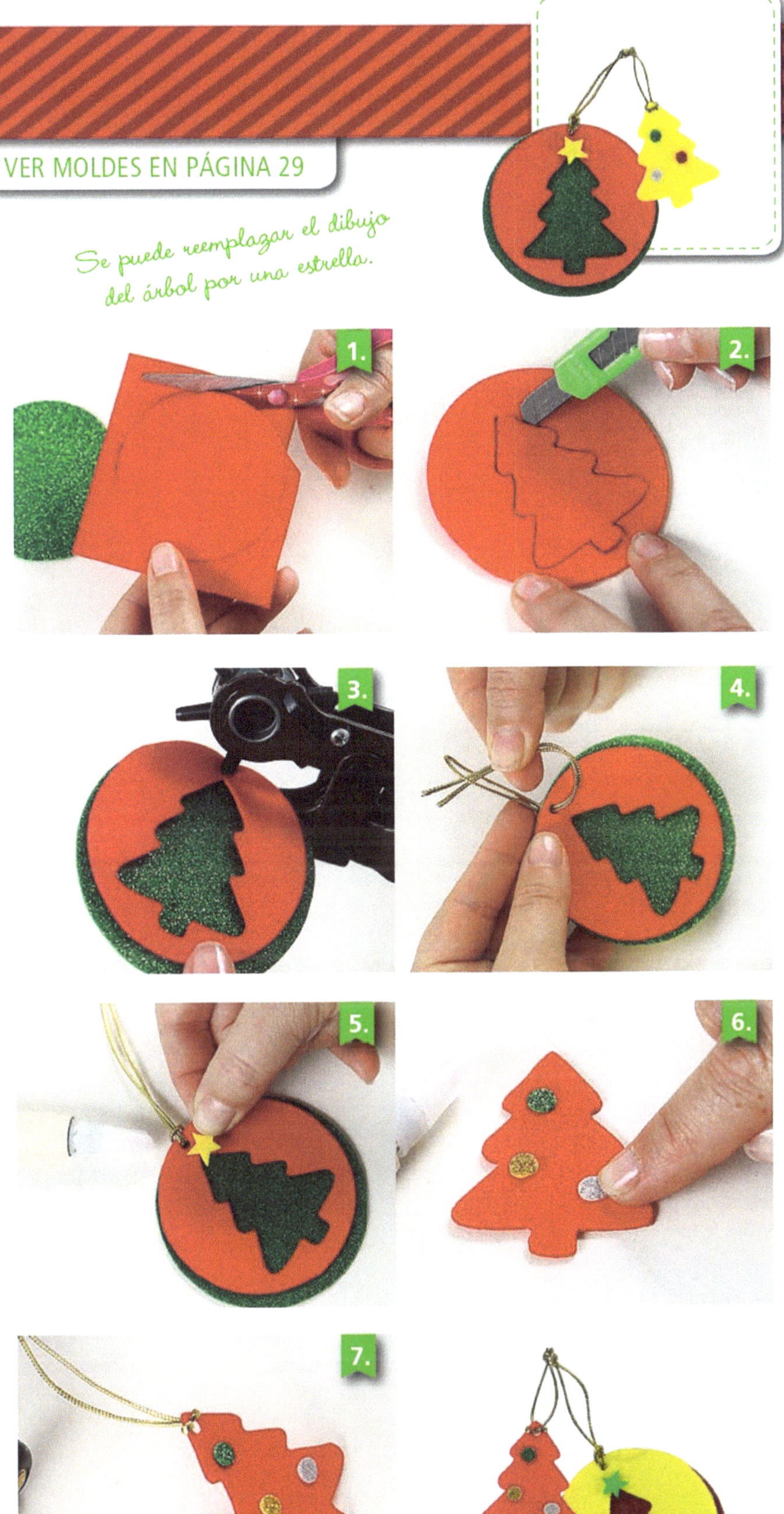

MATERIALES

- Goma EVA brillante amarilla, verde y plateada
- Goma EVA roja y amarilla
- Cordón dorado
- Tijera
- Lápiz
- Cúter
- Pegamento instantáneo
- Máquina sacabocados
- Máquina perforadora

1. Transferir y recortar en goma EVA brillante verde el molde del círculo de tamaño más grande y, en goma EVA roja, el círculo restante.

2. Transferir y calar el molde del árbol en el centro del círculo de goma EVA roja. Utilizar el cúter para facilitar el calado.

3. Colocar el círculo rojo, con el árbol calado, sobre el de color verde haciendo coincidir solo el borde superior. Con la máquina sacabocados, realizar un orificio en ambas piezas, a 2 mm del borde en la parte superior del árbol.

4. Doblar por la mitad 24 cm de cordón dorado e insertar la punta del doblez por el orificio realizado en los círculos. Luego, introducir los extremos del cordón por el hueco formado y tirar para sujetar. Cerrar con un nudo y cortar los excedentes.

5. Transferir y recortar en goma EVA amarilla el molde de la estrella y adherir en la punta del árbol.

6. Con la máquina perforadora realizar un círculo en goma EVA brillante amarilla, plateada y verde. Adherir con pegamento instantáneo sobre el árbol calado.

7. Realizar un orificio, con la máquina sacabocados, en el extremo superior del árbol e introducir el cordón dorado con el procedimiento explicado en el paso 4.

Utilizar recortes de distintos colores y texturas de goma EVA para realizar varias combinaciones.

Pancitos de Navidad

Estas paneras les darán un toque elegante a la forma de presentar el pan en la mesa navideña.

1. Transferir y recortar en goma EVA metalizada: roja, dos veces los moldes del moño, una tira de 2,5 cm x 28 cm, dos tiras de 2 x 9 cm y cuatro de 0,5 x 18 cm; amarilla, dos veces el molde del círculo y una tira de 0,5 cm x 28 cm; y en dorada con lunares, el molde de la panera.

2. Marcar los dobleces en la panera, tomando como referencia las líneas de puntos indicadas en el molde.

3. Con la máquina sacabocados, realizar los orificios señalados en el molde, en todos los laterales de la panera.

4. Enhebrar, comenzando de adentro hacia afuera, las tiras rojas de 0,5 x 18 cm por los orificios realizados, uniendo los laterales. Cortar excedentes y adherir los extremos con un puntito de pegamento instantáneo.

5. Adherir las dos piezas para armar cada uno de los moños y luego pegar en uno de los extremos de cada tira roja de 2 x 9 cm.

6. Para armar la manija, adherir la tira dorada en el centro de la pieza roja y luego, pegar los círculos en los extremos de la tira, dejando una distancia de 0,5 cm del borde.

7. Pegar los moños en dos laterales opuestos de la panera.

8. Para terminar, adherir la manija en el borde superior de los laterales restantes de la panera. Dar forma a la canasta con los dedos, ejerciendo presión hacia adentro.

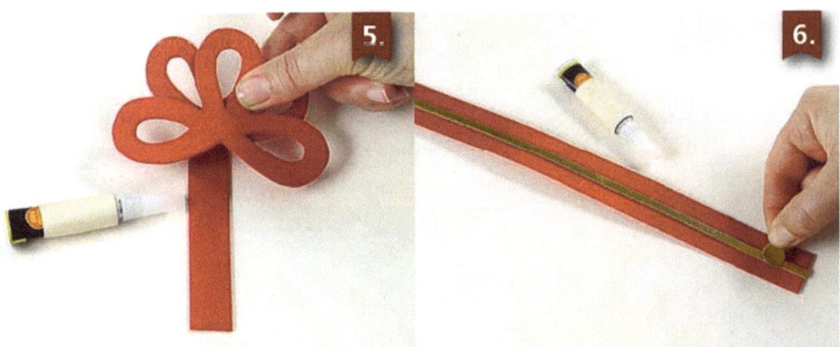

Esta canasta se puede utilizar también para rellenar con dulces o algún otro presente para regalar en las fiestas.

Frascos del bosque

Estos frascos decorados y rellenos con frutos secos, son una manera diferente de presentar el regalo… ¡que a todos les encantará!

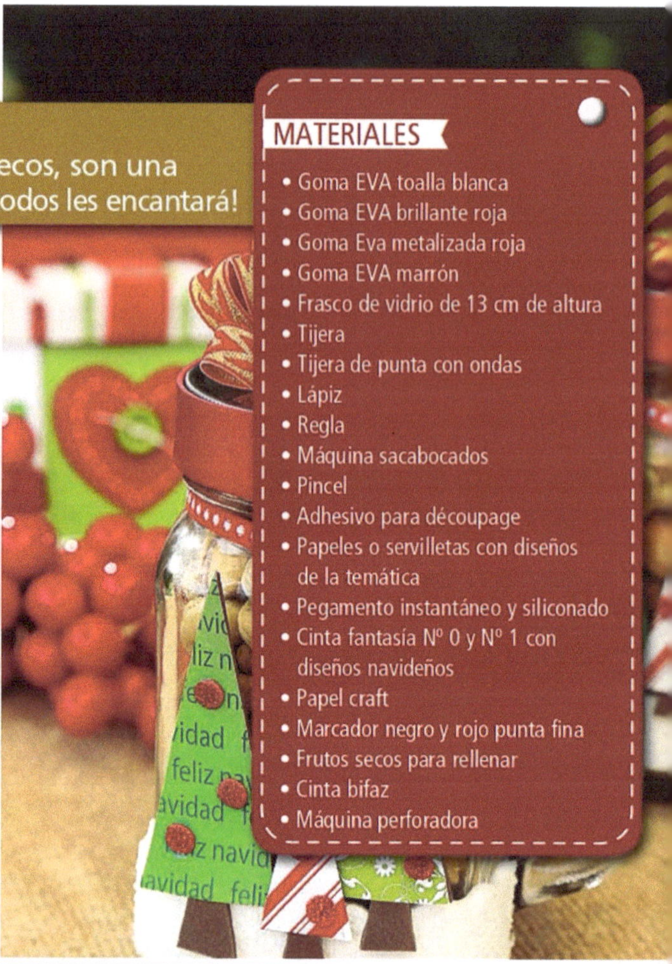

MATERIALES

- Goma EVA toalla blanca
- Goma EVA brillante roja
- Goma Eva metalizada roja
- Goma EVA marrón
- Frasco de vidrio de 13 cm de altura
- Tijera
- Tijera de punta con ondas
- Lápiz
- Regla
- Máquina sacabocados
- Pincel
- Adhesivo para découpage
- Papeles o servilletas con diseños de la temática
- Pegamento instantáneo y siliconado
- Cinta fantasía Nº 0 y Nº 1 con diseños navideños
- Papel craft
- Marcador negro y rojo punta fina
- Frutos secos para rellenar
- Cinta bifaz
- Máquina perforadora

Se pueden reemplazar las frutas secas por bombones u otros dulces.

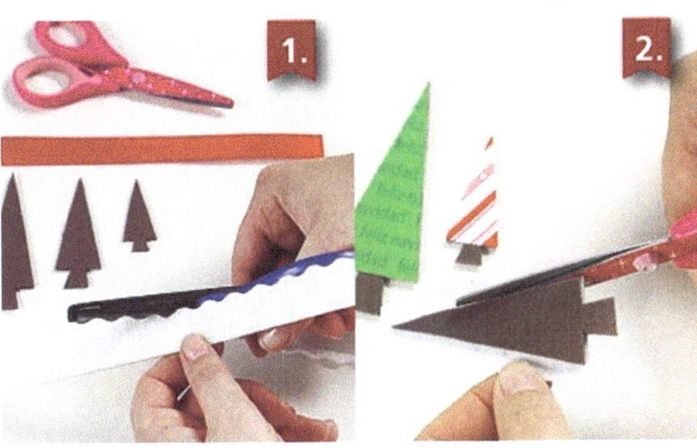

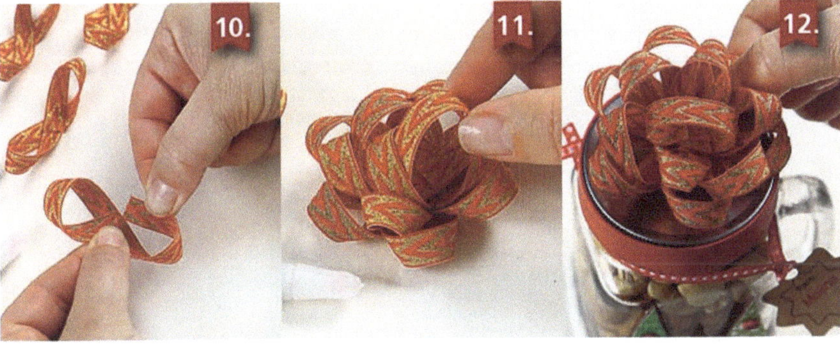

1. Transferir y recortar en goma EVA: marrón, los moldes de los pinos; roja metalizada, una tira de la medida necesaria para cubrir el borde de la tapa del frasco elegido y en goma EVA toalla blanca, una tira de 2,5 cm de ancho y del largo necesario para cubrir toda la circunferencia del frasco. Cortar uno de los laterales largos de la pieza blanca, con tijera de punta con ondas.

2. Adherir con pegamento para découpage, los papeles o servilletas elegidas en los pinos. Dejar secar y cortar los excedentes.

3. Con la máquina perforadora, realizar círculos con la goma EVA brillante roja y luego, pegarlos en forma aleatoria en los pinos. Utilizar un puntito de pegamento instantáneo.

4. Rellenar el frasco con los frutos secos.

5. Revestir con la tira de goma EVA metalizada roja el borde de la tapa del frasco. Adherir para cerrar.

6. Adherir, con pegamento siliconado, la tira blanca en todo el borde inferior del frasco.

7. Tomando como referencia el diseño, pegar los pinos en el frente del frasco. La base de los mismos debe quedar sobre la tira blanca.

8. Transferir y recortar el molde de la tarjetita decorativa sobre el papel craft, utilizar el marcador negro para la palabra "Para" y para la estrella interna; el marcador rojo, para completar el nombre del destinatario. Realizar con la máquina sacabocados un orificio en el punto indicado en el molde.

9. Insertar la cinta fantasía Nº 0 por la tarjetita y atarla por debajo de la tapa del frasco.

10. Para realizar el moño de la tapa, cortar 6 tiras de 16 cm y una de 10 cm. Unir los extremos de las 6 tiras de 16 cm de largo formando "ochos" y adherir con un puntito de pegamento instantáneo.

11. Comenzar a pegar los "ochos" uno arriba del otro, colocándolos en distintas direcciones. Realizar un rulo con la tira de 10 cm y adherir en el centro del moño.

12. Para terminar, adherir el moño en el centro de la tapa del frasco, con un trozo de cinta bifaz.

Muérdago en flor

Decora algún rincón especial de la casa o se puede colgar en la puerta para recibir a los invitados.

MATERIALES

- Goma EVA brillante roja, verde y amarilla
- Goma EVA verde oscuro, verde claro y amarilla
- Tijera
- Lápiz
- Pegamento siliconado
- Pegamento instantáneo
- Cartón finito
- Cinta falletina roja Nº 1
- Crayón de cera amarillo
- Máquina perforadora
- Cinta bifaz de 2 mm de espesor

VER MOLDES EN PÁGINA 34

1. Cortar en cartón un aro de 25 cm de diámetro exterior y 19,5 cm interior. Adherir los dos extremos de la cinta roja en el aro de cartón para formar el rulo que permitirá colgar la corona.

2. Transferir y recortar en goma EVA verde oscuro, 20 hojas grandes; verde brillante, 4 hojas de tamaño medio y 3 veces la base de la flor de tamaño más grande; en verde claro, 7 hojas de tamaño pequeño. Transferir y recortar en goma EVA brillante roja, 7 estrellas, una vez el molde del moño, 2 veces la tira decorativa de la campana, 15 veces el molde de los pétalos de la flor y 3 veces la base de la flor de tamaño más pequeño. Transferir y recortar en goma EVA brillante amarilla, 1 vez el molde de la campana, el círculo, 1 vez la parte superior de la campana y 3 veces el círculo de la flor. Por último, transferir y recortar en goma EVA amarilla, el molde de la campana.

3. Con el crayón amarillo, sombrear los bordes de las hojas verde de tamaño grande y los bordes y las nervaduras de las hojas de tamaño pequeño.

4. Tomando como referencia el diseño, adherir las hojas de tamaño más grande en toda la circunferencia del aro. Con la máquina perforadora, realizar 30 círculos en goma EVA roja brillante y adherir 3 círculos juntos en el extremo superior de las hojas, dejando una libre cada vez. Utilizar pegamento instantáneo.

5. Realizar más círculos en goma EVA roja brillante con la máquina perforadora y adherir, repitiendo el procedimiento, en la base de las hojas de color verde brillante. Adherir las estrellas en las hojas de tamaño pequeño.

6. Para formar los pétalos, pegar los extremos de la base de los mismos con un puntito de pegamento siliconado.

7. Para formar la flor, adherir sobre la base verde, la de color rojo y sobre ésta, los pétalos, haciendo coincidir los extremos en el centro. Por último, adherir el círculo amarillo en el centro. Repetir el procedimiento para realizar las 3 flores necesarias.

8. Para armar el moño, adherir los dos extremos en el centro de la parte trasera del mismo. Utilizar unas gotitas de pegamento instantáneo.

9. Adherir el moño en el centro del lazo y para dar terminación, pegar la tira en el centro del moño.

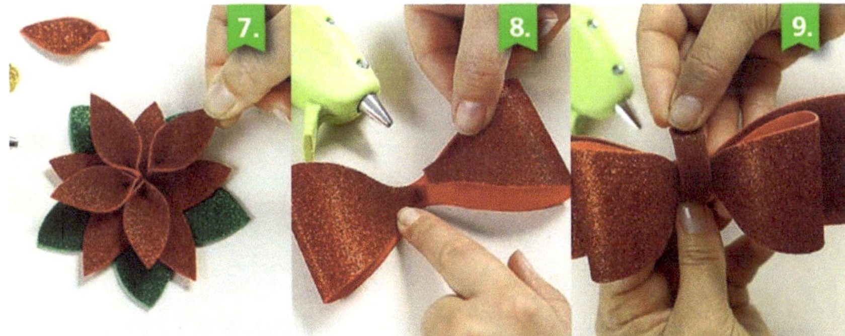

10. Adherir la parte superior de la campana en la pieza de goma EVA amarilla, colocando previamente el círculo de goma EVA brillante amarilla entre ambas piezas.

11. Pegar las tiras decorativas en ambas campanas.

12. Tomando como referencia el diseño, adherir primero las 3 flores, una en el centro de la parte superior y dos en los laterales, luego adherir el moño y las campanas en la parte inferior y central de la corona. Por último, completar la corona con el resto de las hojas. Utilizar cinta bifaz de 2 mm de espesor en hojas y flores, para dar efecto relieve.

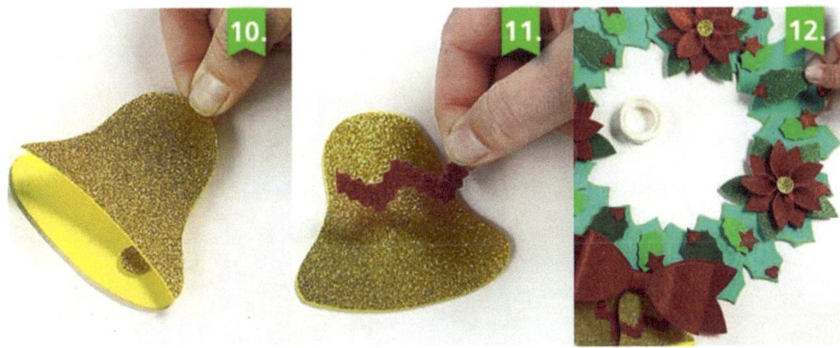

Casitas muy dulces

Una manera diferente y original de presentar los pan dulce para regalar o para colocar en la mesa navideña.

MATERIALES

- Goma EVA roja, blanca, verde, verde manzana, amarilla y marrón
- Botón amarillo
- Palito de brochette
- Punta para lunares
- Acrílico blanco
- Tijera
- Lápiz
- Regla
- Pegamento instantáneo y siliconado
- Cinta falletina Nº 0 roja, amarilla y verde manzana
- Cinta fantasía verde
- Cinta bifaz de 2 mm de ancho
- Cascabeles decorativos

Adaptar los moldes al tamaño del pan dulce a utilizar.

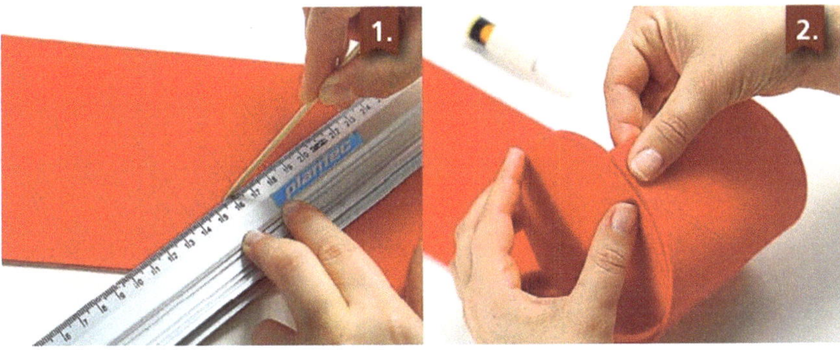

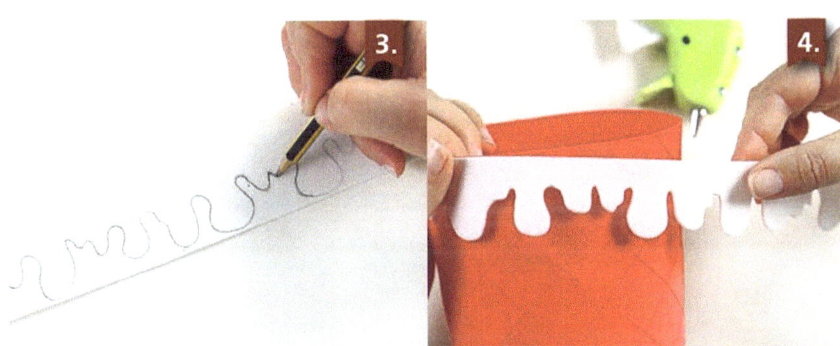

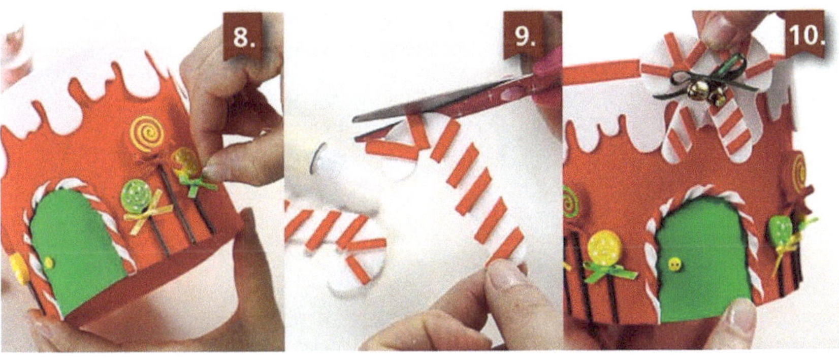

1. Cortar un rectángulo en goma EVA roja de 41 x 11 cm y, con el palito de brochette y la regla, marcar líneas verticales a 2,5 cm de distancia, formando rombos, para texturar el material.

2. Recortar dos círculos en goma EVA roja de 11,5 cm de diámetro. Pegar los dos círculos entre sí y luego, adherir el rectángulo rojo en todo el borde del círculo. Utilizar pegamento instantáneo y cerrar para unir.

3. Tomando como referencia el diseño, dibujar en un rectángulo de goma EVA blanca de 41 x 4 cm, ondas de diferentes tamaños para dar el efecto glasé.

4. Recortar y pegar en todo el borde superior del porta pan dulce.

5. Transferir y recortar en goma EVA verde el molde de la puerta. Adherir el botón en el margen izquierdo y luego, pegar en el frente y sobre el borde inferior del porta pan dulce.

6. Recortar dos tiras en goma EVA roja y blanca de 20 x 0,5 cm. Colocar un puntito de pegamento y adherir entre sí, para luego enroscar y pegar alrededor de la puerta.

7. Recortar tiras de 12 x 0,5 cm: 3 amarillas, 2 rojas y 3 verdes. Combinando los colores como se muestra en el diseño, comenzar a armar los rollitos. Cerrar con un puntito de pegamento instantáneo.

8. Cortar en goma EVA marrón 4 tiras de 3 x 0,3 cm y dos de 5 x 0,3 cm. Como se muestra en el diseño, adherir primero las tiras marrones a distintas alturas y luego, los rollitos de goma EVA. Para dar terminación, pintar lunares blancos en los rollitos de un solo color y pegar moñitos realizados con las cintas, en los colores de la temática.

9. Transferir y recortar el molde de los bastones en goma EVA blanca y 14 tiras de 1,5 x 0,5 cm en goma EVA roja. Adherir las tiras de goma EVA roja en los bastones, tomando como referencia las líneas indicadas en el molde. Recortar los excedentes.

10. Insertar dos cascabeles en la cinta fantasía verde y atar los bastones. Realizar un moño y luego adherir en el frente y en el borde superior del porta pan dulce, utilizando cinta bifaz de 2 mm de ancho.

Sorpresitas de Noel
Un detalle muy bonito para llenar de dulces
o con algún presente para estas fiestas.

VER MOLDES EN PÁGINAS 32 Y 33

Se puede realizar el mismo proyecto reemplazando la goma EVA roja por brillante.

MATERIALES

- Goma EVA brillante negra, blanca y amarilla
- Goma EVA roja
- Tijera
- Lápiz
- Regla
- Pegamento instantáneo
- Cúter

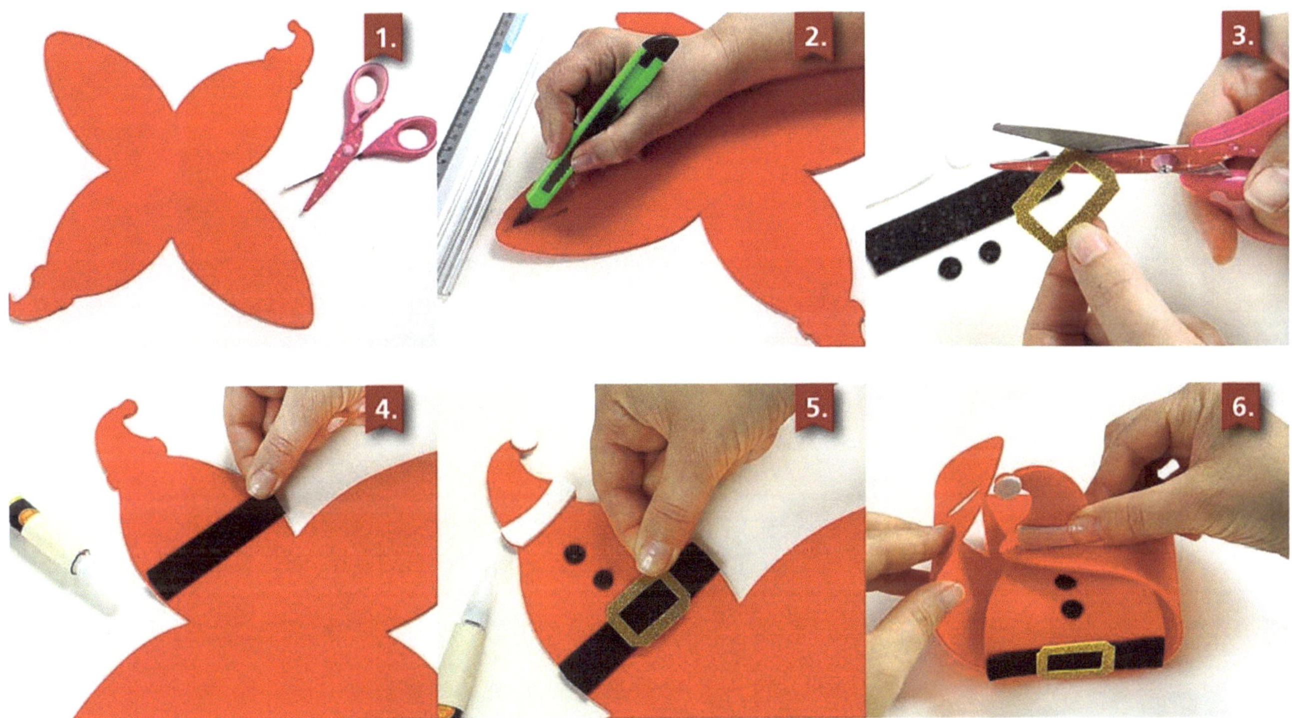

1. Transferir y recortar en goma EVA roja, el molde de la cajita.

2. Marcar los dobleces y calar las ranuras que se indican en el molde. Para marcar los dobleces, utilizar un cúter pero haciendo una leve presión para no cortar la goma EVA.

3. Transferir y recortar en goma EVA brillante: negra, el cinturón y los círculos; amarilla, la hebilla y blanca, la tira y el círculo del gorro.

4. En la cara frontal de la cajita, adherir la tira negra a 1 cm de distancia de la línea de la base de la cajita.

5. Como se muestra en el diseño, adherir la hebilla en el centro de la tira negra y luego, los botones. En el gorro, pegar la tira y el círculo blanco.

6. Cerrar la cajita, uniendo las dos puntas con el gorro y luego, ejercer una leve presión hacia abajo e insertar las ranuras de las otras dos caras de la caja.

Bota navideña
Muy característica en la decoración alusiva a estas fiestas e ideales para decorar la chimenea o un rincón especial del hogar.

VER MOLDES EN PÁGINAS 30 Y 31

MATERIALES

- Goma EVA brillante roja, verde y amarilla
- Goma EVA roja
- Goma EVA toalla blanca
- Tijera
- Tijera de puntas con ondas
- Lápiz
- Pegamento siliconado
- Pegamento instantáneo
- Cordón dorado
- Aguja e hilo perlé rojo
- Vellón siliconado
- Pincel
- Glitter dorado

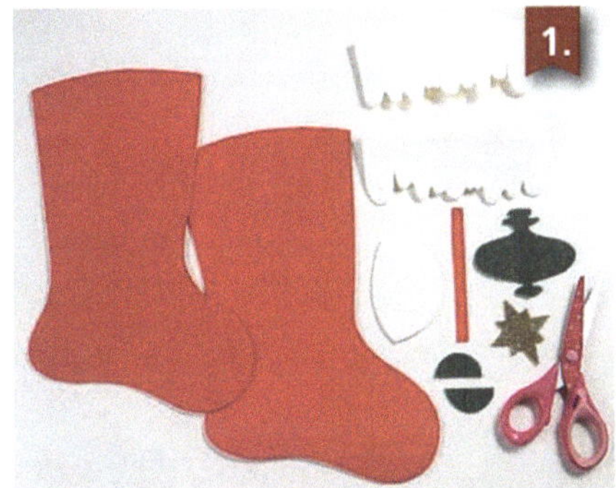

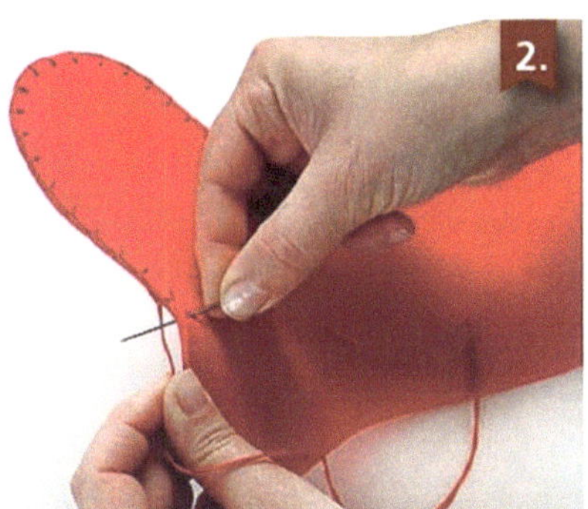

1. Transferir y recortar en goma EVA: roja, dos veces el molde de la bota y una tira de 10 x 1 cm; toalla blanca, dos veces el molde de la parte superior de la bota y una vez, el molde de la punta; brillante amarilla, la estrella y en verde brillante los moldes de las bolas navideñas.

2. Superponer los dos moldes de la bota y coser en todo su contorno, dejando libre el borde superior; utilizar punto festón.

3. Enfrentar los reversos de las dos piezas iguales de goma EVA en toalla blanca y adherir solo sus laterales. Utilizar pegamento instantáneo.

4. Cortar en goma EVA brillante roja y amarilla una tira de 12 x 4 mm, utilizando la tijera de puntas con ondas en uno de sus lados. Como se muestra en el diseño, adherir las tiras para decorar las bolas navideñas, utilizando pegamento instantáneo.

5. Pegar en el frente de la bota, primero los cordones dorados y sobre éstos, los adornos.

6. Doblar la tira roja por la mitad y con pegamento siliconado adherir en el extremo derecho de la bota, en su parte interna. Introducir la parte superior de la bota y adherir con pegamento siliconado.

7. Pegar la punta.

8. Para dar terminación, pincelar el frente de la bota con el glitter dorado.

9. Rellenar el trabajo con vellón siliconado

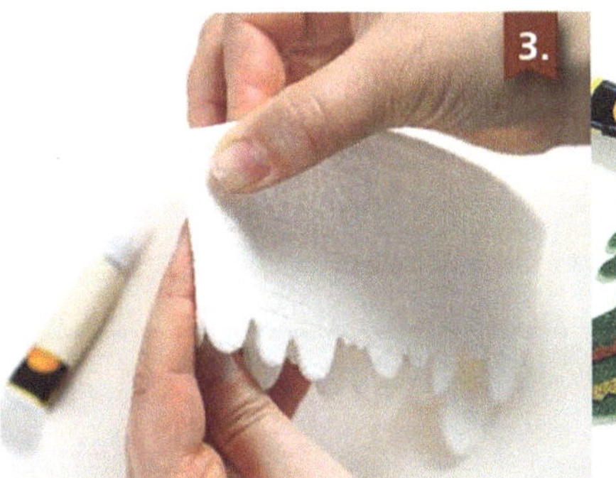

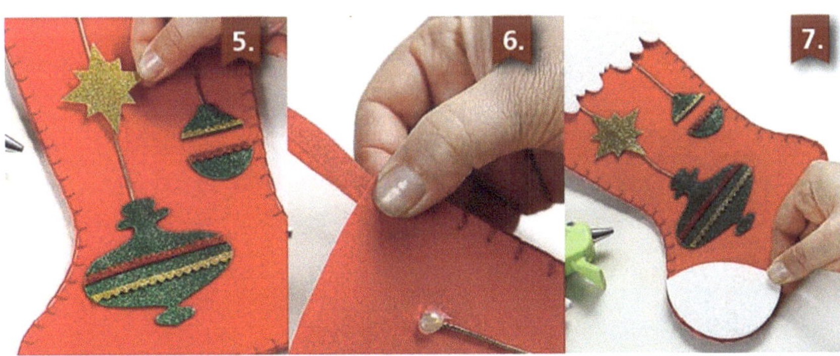

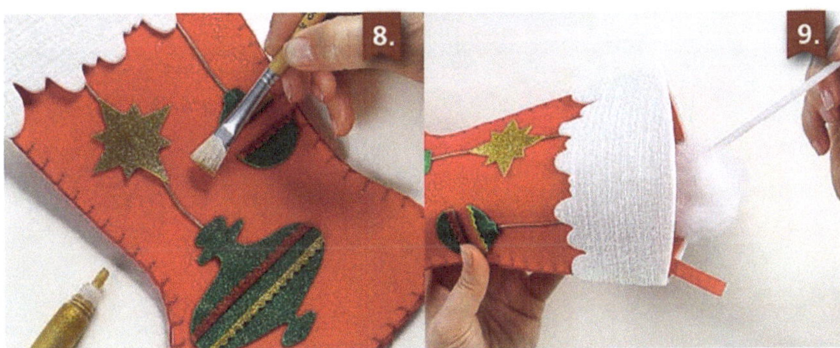

Combinar los colores de la goma EVA para realizar los adornos en distintos colores.

Un traje especial...
Distinguido detalle en la mesa navideña,
para que sea perfecta.

VER MOLDES EN PÁGINA 29

MATERIALES

- Goma EVA brillante roja, negra y dorada
- Goma EVA toalla blanca
- Cúter
- Tijera
- Lápiz
- Pegamento instantáneo
- Regla

1. Transferir y recortar en goma EVA: brillante roja, dos veces el molde del saco; brillante negra, el cinturón; brillante dorada, la hebilla y en toalla blanca, el cuello, las mangas, la cintura y un rectángulo de 1 x 8 cm.

2. Enfrentar los reversos de las dos piezas del saco y adherir por el borde, dejando libre la parte del cuello (es por donde se colocarán los cubiertos).

3. Como se muestra en el diseño, adherir las piezas de toalla blanca con pegamento instantáneo.

4. Para formar el cinturón, adherir la pieza negra en el frente del portacubiertos.

5. Para terminar, adherir la hebilla en el centro del cinturón.

Pinos Noel

Estos atractivos pinos son muy sencillos y rápidos de realizar; colaboran en la decoración de la casa en Navidad.

VER MOLDES EN PÁGINA 34

MATERIALES

- Goma EVA brillante roja, plateada y negra
- Algodón
- Cúter
- Tijera
- Lápiz
- Pegamento siliconado e instantáneo
- Regla

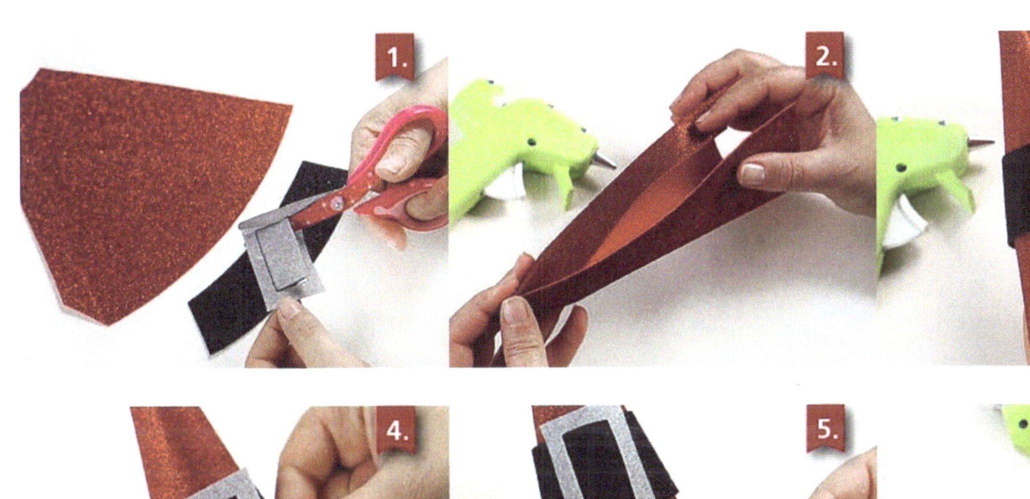

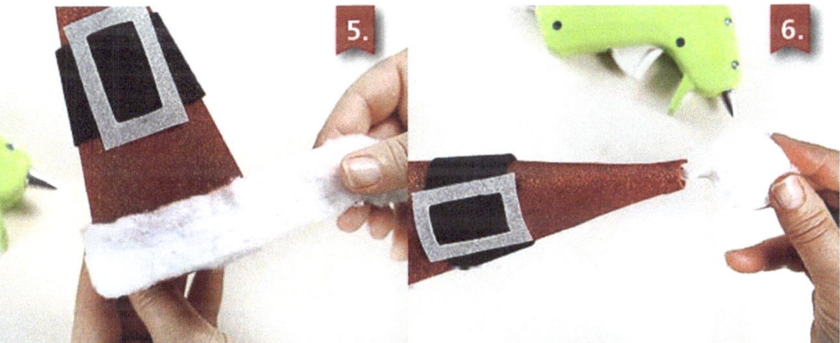

1. Transferir y recortar en goma EVA brillante: roja, el molde del cono; negra, el molde del cinturón y en plateada, la hebilla.

2. Para dar forma al cono, unir los laterales con pegamento siliconado.

3. Pegar la tira negra, alrededor del cono, a la altura indicada en el molde. Utilizar pegamento siliconado.

4. Adherir la hebilla sobre la tira negra, en el frente del cono con pegamento instantáneo.

5. Con el algodón, realizar una tira de 21 x 2,5 cm y adherirla, con pegamento siliconado, alrededor de toda la base del cono.

6. Para terminar, realizar un pompón de algodón y luego pegarlo en la punta del cono con unas gotitas de pegamento siliconado. Repetir el procedimiento para realizar el cono en diferentes tamaños, ampliando el molde.

R
V
R
R
R

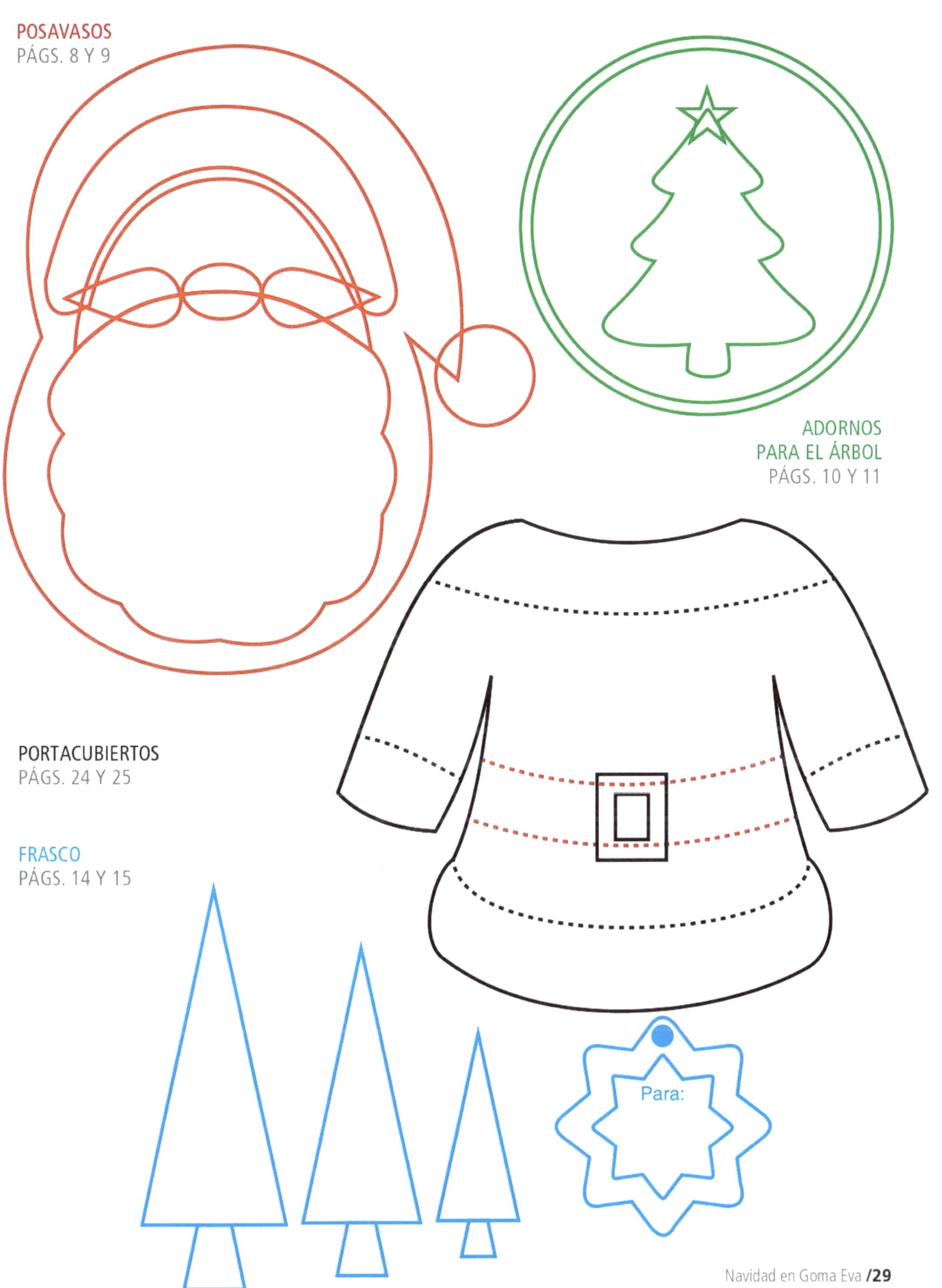
POSAVASOS
PÁGS. 8 Y 9
ADORNOS
PARA EL ÁRBOL
PÁGS. 10 Y 11
PORTACUBIERTOS
PÁGS. 24 Y 25
FRASCO
PÁGS. 14 Y 15
Para:

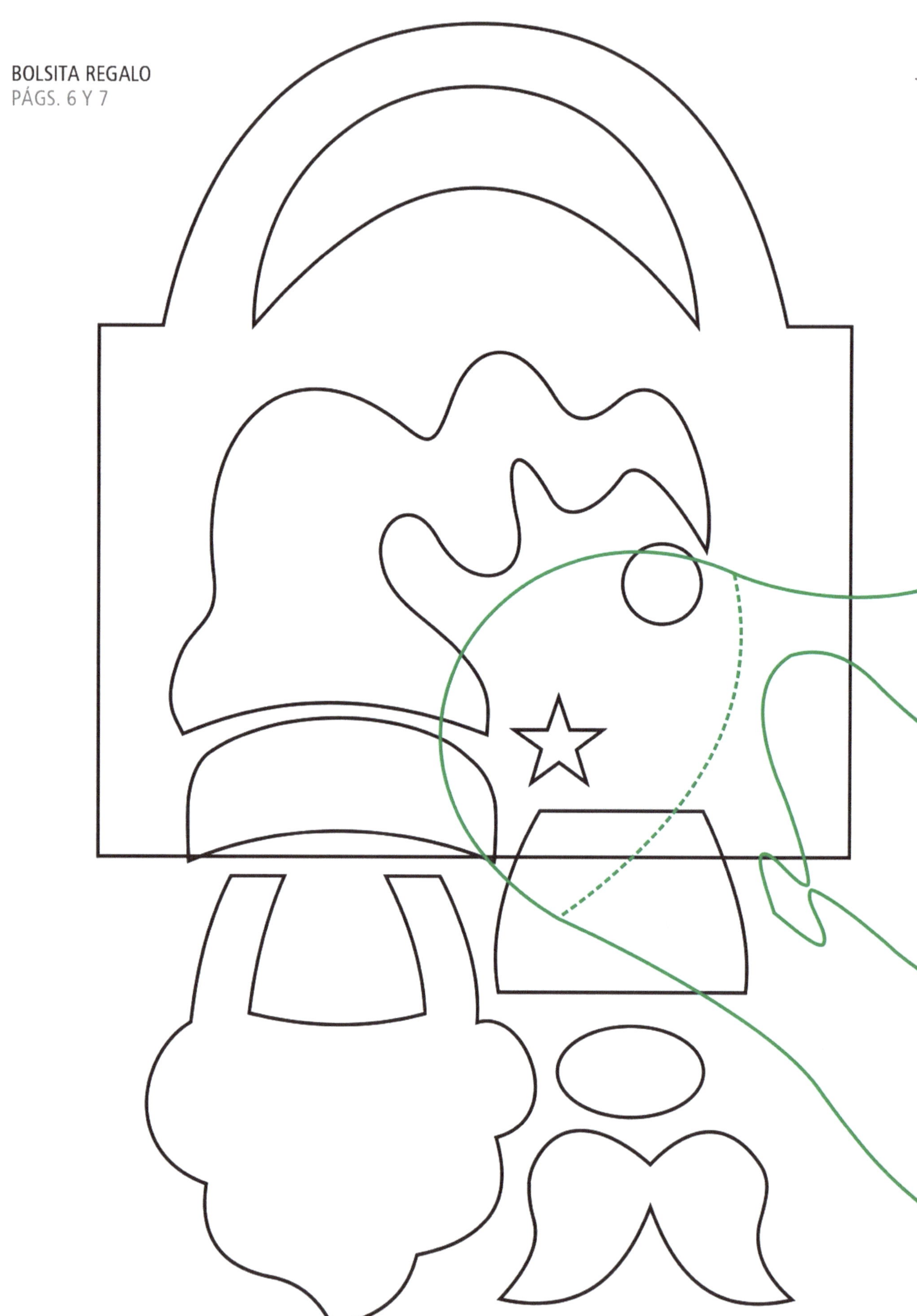

BOTA
PÁGS. 22 Y 23

PORTA
PAN DULCE
PÁGS. 18 Y 19

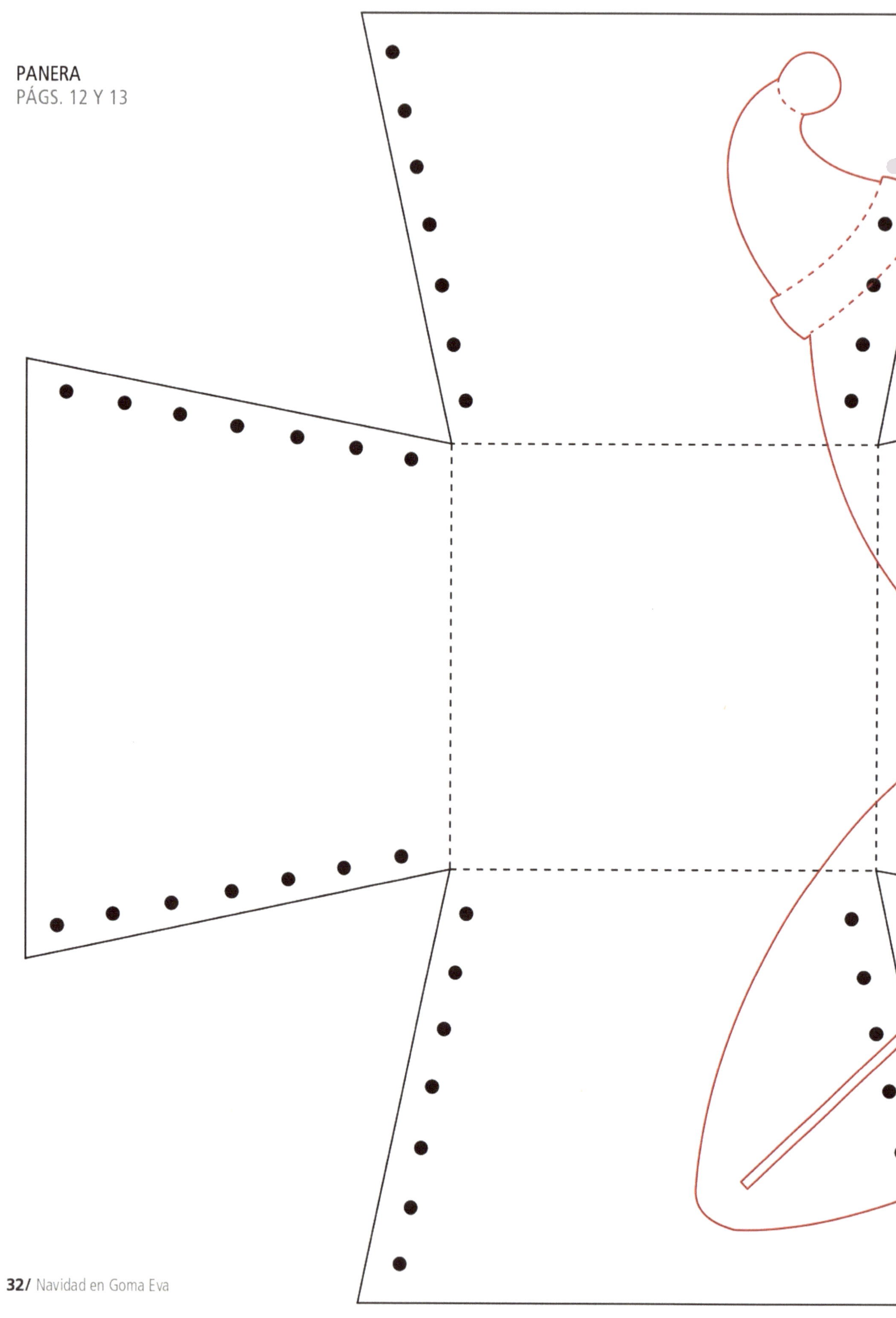

CORONA
PÁGS. 16 Y 17

ARBOLITOS
PÁGS. 26 Y 27